ラ・ベットラ
パスタの基本
落合 務
by Ochiai Tsutomu

講談社

Contents

はじめに ……………………………………… 4
ここから始まる！ パスタのゆで方 ……… 5

Chapter 1
速攻！あっという間の釜揚げスパ

基本の釜揚げスパ …………………………… 8
玉ねぎ入り釜揚げスパ ……………………… 9
パン粉がけ釜揚げスパ ……………………… 10
トマト入り釜揚げスパ ……………………… 11

Chapter 2
やっぱり！トマトソースを極める

かんたんすぎるトマトソース ……………… 14
本気でトマトソース ………………………… 16
豚ばらトマトソース ………………………… 18
目玉焼きカプレーゼ ………………………… 19

Chapter 3
基本！シンプルが旨いアリオリ

基本のアーリオオーリオ …………………… 22
ボンゴレときのこのアリオリ ……………… 24
みょうがのゆずこしょうアリオリ ………… 26
豚ばらキャベツのアリオリ ………………… 27

Chapter 4
驚愕！ミートソースの真実

ハンバーグが変身！ ミートソース ………… 30
真実のミートソース ………………………… 32
インティンゴロパスタ ……………………… 34
ポーク・インティンゴロのパスタ ………… 35

Chapter 5
辛口！アラビアータが脳天直撃

基本のアラビアータ ………………………… 38
プッタネスカ ………………………………… 40
えびチリスパゲティ ………………………… 41

Chapter 6
こっくり！チーズ&バターのこくまろパスタ

基本のゴルゴンゾーラパスタ ……………… 44
クアトロフロマッジのパスタ ……………… 46
スモークサーモンのクリームパスタ ……… 47
マヨ&卵黄のぶっちぎりカルボナーラ …… 48

Chapter 7
豪快！海の幸大漁パスタ

かに丸ごとパスタ …………………………… 52
いか丸ごとパスタ …………………………… 53
車えびバシバシパスタ ……………………… 54
魚介いろいろラグーパスタ ………………… 55
豪華に伊勢えびパスタ ……………………… 56
エグ旨ペスカトーレ ………………………… 57

Chapter 8
芳醇！バター＆パルメザンチーズの世界

- 基本のバターパルミジャーノ ………… 60
- クレソン入りバターパルミジャーノ ………… 62
- 鶏もつバターパルミジャーノ ………… 63

Chapter 9
和味！奥深きパスタ・ジャポネーゼ

- ねぎとろアボカドのジャポネーゼ ………… 66
- 白身とイクラのジャポネーゼ ………… 68
- あじのたたきの納豆ジャポネーゼ ………… 69

Chapter 10
ひんやり！冷製パスタの色とりどり

- 冷たいトマトのパスタ ………… 72
- 冷たいピーマンパスタ ………… 73
- 冷たいからすみパスタ ………… 74
- 冷たいミートソース ………… 75

Chapter 11
締め！ラーメン代わりの酒後パスタ

- ボリート・カペリーニ ………… 78
- あさり入りボリート・カペリーニ ………… 79
- 豚ばら高菜パスタ ………… 80
- ジャージャーパスタ ………… 81

Chapter 12
楽ちん！缶詰が主役のずぼらパスタ

- 焼かないグラタン ………… 84
- 豚ばら＆白菜のパスタ ………… 85
- かきのとろとろパスタ ………… 86
- ツナトマトソース 木こり風 ………… 87
- ツナのアリオリ ………… 88
- ツナの冷製ミモザ ………… 89

Chapter 13
おまけ！デザート＆秘密のキッチンライフ

- ロマノフ ………… 92
- 裏ワザ満載！ 僕のお気に入りを公開します ………… 96
- 僕はこう使う！ 優秀ツールあれこれ ………… 98
- いつも手元にある大事な道具たち ………… 100

おわりに ………… 102

この本の使い方
- 各レシピでは、パスタのゆで方を省略しています。ソースのでき上がりに合わせて、P.5の手順でゆで上げてください。
- 計量の単位は、大さじ1=15cc、小さじ1=5ccです。
- 今回使用したオリーブオイルは、すべてエキストラバージンオリーブオイルです。
- 塩は自然塩を使っています。
- 特に明記していない場合、パルメザンチーズはすべてすりおろしたものです。
- ホールトマトは、1缶（約400g）を使い切る分量になっています。缶の大きさにより、調整が必要な場合があります。

はじめに

休日、食事に出掛けたとき、仲間とまかないを食べているとき、新しい料理のアイディアがふと浮かびます。「これ、おもしろい！　絶対に旨い!!」もちろん、試作をしてお店のメニューに加えるものもありますが、レストランで出すというよりも、「アイツが遊びにきたら作ってやりたいな」「ボーイフレンドができたって言ってたから、作り方を教えてやろう」そう思うアイディアがあるんです。

頭の中にポッと生まれたアイディアをお皿の上に実現していくのは、すごく楽しい作業。試作を重ねて、改良したり、思い切ってボツにしたものもあります。でも、やればやるほど思ったのは「基本がどんなに大切か」。基本さえできれば、誰だって自分のアイディアを実現できるのだから。だから、各章の初めには「基本のレシピ」をつけました。初めてパスタを作る方でも、ちゃんとできるレシピです。

家庭でのパスタの出番はたくさんあります。ひとりで食べるときも、家族で食卓を囲むときも、恋人のために腕を振るうときだって。

さあ、リラックスして、パスタをゆでるお湯をたっぷり沸かして、はじめましょう！

Ochiai Tsutomu
2005年6月　落合 務

ここから始まる！パスタのゆで方

パスタ料理の主役は、
なにはともあれ「ゆでたパスタ」です。
日本で売られているパスタって、実は、
少しやわらかめに仕上がるように
ゆで時間が設定されています。
アルデンテに仕上げるなら1分前に引き上げてみてください。
ただ、パスタのメーカーやお湯の沸き加減でも違うから、
まずはタイマー片手に自分好みの
"ジャストなかたさ"を見つけてみては？

a

パスタがのびのび泳げる
たっぷりの湯に、
たっぷりの塩を投入。
「パスタに塩味をつける」
ような気持ちで。

b

塩は底にたまらないよう
混ぜてきちんと
とかすこと。
グルグル混ぜて、
湯の完成なのだ。

c

パスタ同士が
くっつかないように
軽く混ぜる。
あまり混ぜると、
火が入りすぎるので
注意して！

d

ゆで具合を知るには、
試食がいちばん。
「髪の毛1本分の芯」を
めざして。

1 鍋にたっぷりの湯を沸かす。2人分（160g）でも最低2ℓは用意すること。**2** 沸騰したら塩を加える。湯に対して塩3〜4％が目安。「少し多いかな？」と思うくらい入れよう。**3** 塩がちゃんととけるよう、スプーンなどで軽く混ぜる。**4** パスタは十分沸騰している湯に投入。最初にさい箸かフォークで軽く混ぜ、パスタ同士がくっつかないようにする。**5** パスタの袋の表示通りにゆでるのが基本だが、アルデンテに仕上げるには1分前に引き上げるとよい。試しに1本食べてみて、芯が少しだけ残っている状態でざるにあげる。ソースなどはとにかく手早くあえること。

Chapter 1

速攻! あっという間の釜揚げスパ

イタリアの家庭では、スパゲティをジャッとゆでて、
オイルとチーズをガッとかけてパクパクッ!
……なんて光景をよく見掛けました。
そう、「釜揚げうどん」みたいでしょ?
うどん同様、ゆでたて麺のおいしさを感じられて、
実は最っ高においしいんじゃないかな、って思う料理。
もちろん、あっという間にできるのもうれしいのだ!

速攻！あっという間の釜揚げスパ　　1

基本の釜揚げスパ

alle Semplice Fondamento

釜揚げスパの基本は、
ほとんど〝素パスタ〟。
ポイントはただ、
スパゲティをちゃんとゆでること、
そしてちゃんと水けをきること。
シンプルなだけに、オリーブオイルは
いいものを選ぼうよ。

材料（2人分）

オリーブオイル	大さじ4
パルメザンチーズ	大さじ2
スパゲティ	160g

作り方

❶ スパゲティをゆでる。
❷ ざるにとってしっかり水けをきり、皿に盛り、オリーブオイル大さじ2とパルメザンチーズ大さじ1を加えてフォークなどであえる。残りのオリーブオイルとパルメザンチーズをふる。

落合の提言

刻んだ青唐辛子など、好みの薬味をあえて楽しんで。

速攻！あっという間の釜揚げスパ   2

玉ねぎ入り釜揚げスパ
alle Semplice con la Cipolla

こんがり焼いた玉ねぎは、
ほぐしながら食べる。
焦げ色をつけて香ばしさと甘みを
楽しんでほしいんだよね。

5mm厚さに切った玉ねぎ1/2個を、
フライパンで焦げ色がつくまで
両面をよく焼き、釜揚げスパに
のせる。

速攻！あっという間の釜揚げスパ　　3

パン粉がけ釜揚げスパ
alle Semplice con Pangrattato

コンビニでも
売ってるパン粉。
いると香ばしくて、
サクサクした食感も
パスタに合うんだ。
かんたんすぎるかな？
そこがいいんだけど。

パン粉1/2カップをフライパン
で焦がさないようにからいりし、
釜揚げスパにふる。

速攻！あっという間の釜揚げスパ　　4

トマト入り釜揚げスパ
alle Semplice con Pomodoro

トマトは焼くと
甘みがうんと増す。
自然に甘酸っぱい果肉を
そのまんまソースに
しちゃえばいいんだよ。

1cm厚さに切ったトマト1/2個を、
両面にフライパンで焦げ色がつ
くまで焼く。釜揚げスパにのせ、
仕上げにパセリ少々をふる。

イタリアではもちろんのこと、
日本人にとってもトマトソースは
いちばんなじみ深いソースですよね。
でもね、結構、難しく考えてる人が多い！
イタリアの家庭では、ホールトマトを煮詰めるだけでも
トマトソースなんだから。
基本であり、奥深いトマトソースの魅力をどうぞ。

Chapter 2

やっぱり！ トマトソースを極める

やっぱり！ トマトソースを極める　　1

かんたんすぎるトマトソース

Salsa Pomodoro Fondamentale Facilissimo

ホールトマトを煮詰めるだけで、
おいしいトマトソースのできあがり。
「水分を煮詰める」＝「おいしさを凝縮させること」なんだ。
ホールトマトは手でつぶすのがおすすめ。
好みの粗さにできるし、芯も取れる。
バジルやスライスしたパルメザンチーズをのせても旨い。

材料（2人分）	
ホールトマト	1缶（約400g）
オリーブオイル（ソース用）	大さじ1
塩	小さじ1/3
オリーブオイル（またはバター）（仕上げ用）	大さじ1
パルメザンチーズ	大さじ2
スパゲティ	160g

ホールトマトは芯があれば取り除く。

作り方

❶ フライパンに手でつぶしたホールトマトとオリーブオイルを入れて強火にかけ、沸騰したら弱火にして3〜4分煮詰める。
❷ ゆで上げたスパゲティにオリーブオイル、パルメザンチーズを加えてあえる。

落合の提言

● ソースが濃い場合は、水大さじ2〜3を加えて調整する。
● 市販のトマトソースでも、パルメザンチーズとオリーブオイルやバターを加えるだけで本格的な味になる。

全体がとろんとするくらい煮詰める。

Salsa Pomodoro Fandamentale Facilissimo

やっぱり！ トマトソースを極める 2

本気でトマトソース

Salsa Pomodoro

お休みの日は本気でトマトソースを作ってみよう。
野菜の旨みをベースにじっくり煮込んで、
酸味がまろやかで深みのあるソースに仕上げる。
小分けにして冷凍保存しておけば、
いろんな料理に幅広く大活躍。
大変そう？　いえいえ、結構かんたんです。

トマトソース(8～10人分)	
ホールトマト	4缶（約1600g）
にんじん	1/2本
セロリ	1/2本
玉ねぎ	1/4個
オリーブオイル	大さじ3

スパゲティ(2人分)	
トマトソース	300cc
スパゲティ	160g
オリーブオイル（またはバター）	大さじ1
パルメザンチーズ	大さじ2
バジルの葉	適量

作り方

❶ にんじんは縦6等分、セロリは縦半分に切り、包丁の腹か手で繊維をつぶしておく。玉ねぎはくし形に切る。
❷ 鍋にオリーブオイル、にんじん、玉ねぎ、セロリを入れて弱火にかけ、薄く焼き色がつくまで炒める。
❸ 手でつぶしたホールトマトを加えて強火にし、沸騰したら弱火にする。野菜がやわらかくなるまで20～30分煮込む。やわらかくなった野菜は菜ばしかトングで取り出す。トマトソースの完成。好みでこしてもよい。
❹ スパゲティを作る。フライパンにトマトソースを入れて温め、ゆで上げたスパゲティとオリーブオイル、パルメザンチーズ、手でちぎったバジルを加えてあえる。

落合の提言

取り出した野菜は、
オリーブオイルと塩をふり、
そのまま前菜として
食べてもおいしい。

野菜は表面に少し焦げ目がつくまで炒める。

こして使うとさらに上品な仕上がりに。

豚ばらトマトソース

al Pomodoro e Pancetta di Maiale

トマトソースに、普段使いの豚ばら肉。
豚ばらからは甘い脂がしみ出るので、
作ったトマトソースが新しい表情を見せる。
水分を加え、フライパンの底についた焦げつきを
こそげながら煮詰めていくと、
豚ばらのおいしさが
ちゃんとソースの中に入り込むのだ。

材料（2人分）

豚ばら肉	150g
塩、こしょう	各少々
トマトソース	200cc
オリーブオイル（炒め用）	大さじ1
白ワイン（または水）	大さじ2
ブロッコリー	1/3株
オリーブオイル（仕上げ用）	大さじ2
パルメザンチーズ	大さじ2
スパゲティ	160g

作り方

❶豚肉は5cm幅に切り、塩、こしょうで下味をつけておく。ブロッコリーは小房に分けておく。
❷フライパンに炒め用のオリーブオイルを入れて火をつけ、豚肉を炒める。
❸白ワインを加え、火から下ろし、焦げつきをこそげ取りながら煮詰める。
❹トマトソースを加え、全体をよく混ぜる。
❺スパゲティのゆで上がり1分前にブロッコリーを加えて一緒にゆでる。
❻❹にゆで上げたスパゲティ、ブロッコリーを加えてさっとあえ、仕上げ用のオリーブオイル、パルメザンチーズを加えてさらにあえる。

やっぱり！ トマトソースを極める　　　4

目玉焼きカプレーゼ

alle Caprese con Uova in Tegame

シンプルなモッツァレラチーズ入りの
トマトソースを作ったら、
そうだ！ 目玉焼きものせちゃおう。
イタリアでも愛される、
トマト×チーズ×卵の組み合わせ。
とろりとあふれる卵の黄身もソースにして、
全部混ぜながら食べるのが、
パスタ料理の醍醐味だ。

材料（2人分）

トマトソース	200cc
モッツァレラチーズ	50g
オリーブオイル（仕上げ用）	
	大さじ2
パルメザンチーズ	大さじ2
バジルの葉	1枝分
スパゲティ	160g

目玉焼きの材料

卵	2個
オリーブオイル	小さじ1
塩、こしょう	各適量

作り方

❶ 目玉焼きを作る。フライパンにオリーブオイルを入れて弱火にかけ、すぐに卵を割り入れる。塩、こしょうをふってふたをし、好みのかたさに焼く。
❷ モッツァレラチーズは5mm角に切っておく。
❸ フライパンにトマトソースを入れて温める。ゆで上げたスパゲティ、モッツァレラチーズを加えてあえ、モッツァレラチーズの角が余熱で丸くなってきたら仕上げ用のオリーブオイル、パルメザンチーズ、バジルの葉も加えてあえる。
❹ 皿に盛り、目玉焼きをのせる。

にんにくとオリーブオイル、赤唐辛子
……それで全部のシンプルソース。
でも、「うまくできない」という声が多いのも事実です。
落合式なら、即、問題解決！
いくつかのかんたんなポイントを押さえれば、
きっとおいしいアーリオオーリオが完成しますよ。

| Chapter | 3 |

基本！シンプルが旨いアリオリ

基本！シンプルが旨いアリオリ

基本のアーリオオーリオ

Aglio Olio e Peperoncino

まずは押さえてほしい、
とことんシンプルなアーリオオーリオ。
いちばんのポイントは、最後にパスタのゆで汁を加えたとき
フライパンをゆすりながら混ぜ合わせること。
ソースがとろんとしたら、
水分と油分がちゃんと合体した証拠なのだ。
これが、すべてだ！

材料（2人分）	
オリーブオイル	大さじ4
にんにく	4〜5片
赤唐辛子	1本
スパゲティのゆで汁	
	大さじ3〜4
好みでイタリアンパセリ、	
生唐辛子	各適量
スパゲティ	160g

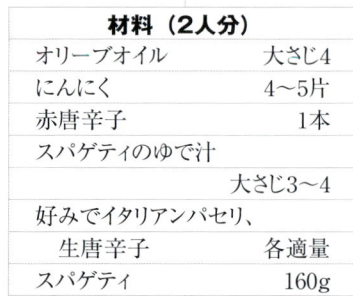

ゆすり混ぜるととろみが出てくる。
これがコツ！

作り方

❶にんにくは包丁の腹などでつぶし、皮を除く。赤唐辛子は縦半分に切り、種を除く。
❷フライパンにオリーブオイル、にんにくを入れて弱火にかける。にんにくからプツプツと泡が出てきたら、焦がさないようにごく弱火で3〜4分かけて油に香りを移す。赤唐辛子を加え、さらに油に辛みを移す。
❸いったん火を止め、さます。
❹再び火をつけ（弱火）、スパゲティのゆで汁を数回に分けて加えてはゆすり混ぜる。ソースが濃ければ、さらにゆで汁を大さじ1（分量外）加えて調節する。
❺ゆで上げたスパゲティを加えてあえる。
❻皿に盛り、好みで手でちぎったイタリアンパセリ、刻んだ生唐辛子をちらす。

にんにくはフライパンを斜めにして焼くといい。

**覚えて
便利な
落合テク**

にんにくをむくのって、手ににおいがつくし、結構面倒なもの。落合式では、手でつぶし、皮をぱかっとはずす。これならかんたんに皮がむけ、さらにみじん切りも楽にできるのだ。

にんにくは手の平で
全体を押しつぶす。

皮が割れ、かんたんに
はずれるようになる。

丸ごと使えば取り除く
のもかんたんなのだ。

Aglio Olio e Peperoncino

基本！シンプルが旨いアリオリ　　2

ボンゴレときのこのアリオリ
alle Vongole coi Funghi

とろんとしたアーリオオーリオが
できるようになったら、
次はご存知、ボンゴレに挑戦。
ついでにきのこも入れて、
具だくさんにしようよ。
あさりの旨みエキスが
にじみ出たソースは、僕の大好物。
あさり自体よりも、
そのソースを味わうのが醍醐味だ。

材料（2人前）

オリーブオイル	大さじ3
にんにく	4～5片
赤唐辛子	1本
あさり	15～20粒
しいたけ	2本
まいたけ、しめじ	各適量
生マッシュルーム	4～5個
水	大さじ1
スパゲティのゆで汁	大さじ3
塩	適量
オリーブオイル（仕上げ用）	大さじ1
好みでイタリアンパセリ	適量
スパゲティ	160g

作り方

❶にんにくは包丁の腹などでつぶし、皮を除く。赤唐辛子は縦半分に切り、種を除く。きのこ類は食べやすい大きさに切っておく。

❷フライパンにオリーブオイル、にんにくを入れて弱火にかける。にんにくからプツプツと泡が出てきたら、焦がさないようにごく弱火で3～4分かけて油に香りを移す。赤唐辛子を加え、さらに油に辛みを移す。

❸いったん火を止め、あさりと水を加えてすぐにふたをする。

❹再び火をつけ（弱火）、あさりの口が開いたらきのこを全部加え、さっと火を通す。味をみて、塩で味をととのえる。

❺ゆで上げたスパゲティとオリーブオイルを加えてあえる。味が薄い場合はオリーブオイル大さじ1（分量外）を加え、ゆすり混ぜて調節する。

❻皿に盛り、好みで手でちぎったイタリアンパセリをちらす。

落合の提言

あさりから水分があまり
出ない場合は、
水かゆで汁を大さじ1
加えて調整する。

基本！シンプルが旨いアリオリ　　　3

みょうがのゆずこしょうアリオリ

Aglio Olio alla Giapponese

材料（2人前）	
にんにく	4〜5片
みょうが	3本
オクラ	5本
オリーブオイル	大さじ4
ゆずこしょう	大さじ1
水	大さじ4〜5
バター	10g
スパゲティ	160g

僕の新作アーリオオーリオは、ちょっと和風。
赤唐辛子の代わりにゆずこしょうを使ってみた。
ゆずこしょう独特の、とんがった辛さで
ますます刺激的に仕上がるお気に入り。
さらにオクラのネバネバが、不思議と合うんだ。
こういう組み合わせを思いつくのって、本当に楽しい。

作り方

❶にんにくは包丁の腹などでつぶして皮を除き、粗みじんにする。みょうがは斜め薄切りに、オクラはへたを取って小口切りにしておく。
❷フライパンにオリーブオイルとにんにくを入れ、弱火にかける。焦げないうちにゆずこしょうも加え、香りが出るまでほぐしながら炒める。
❸水を加えてよく混ぜ、さらにバターも加えてフライパンをゆすりながら混ぜる。
❹ゆで上げたスパゲティと①のみょうがの半量、オクラを加えてあえる。
❺皿に盛り、残りのみょうがをのせる。

落合の提言

ゆずこしょうは商品によって
塩辛さが違うので、
味が薄い場合は
ゆで汁を加えて調整する。

豚ばらキャベツのアリオリ

Aglio Olio e Peperoncino con Pancetta e Cavolo

豚ばら肉とキャベツって、
キッチンの最強コンビだと思う。
そして、アーリオオーリオにも
合うんじゃない？
豚ばらは焦がして、こそげて、
旨みをきちんとソースに移すこと。
キャベツはスパゲティと一緒にゆでて、
好みの歯ごたえに仕上げよう。

材料（2人前）

豚ばら肉	150g
塩、こしょう	各適量
にんにく	4〜5片
赤唐辛子	1本
キャベツ	2枚
オリーブオイル（ソース用）	大さじ4
白ワイン	大さじ2
スパゲティのゆで汁	大さじ3
オリーブオイル（仕上げ用）	大さじ1
パルメザンチーズ	大さじ2
スパゲティ	160g

作り方

❶ 豚肉は3cm幅に切り、塩、こしょうで下味をつける。にんにくは包丁の腹などでつぶして、皮を除く。赤唐辛子は縦半分に切り、種を除く。

❷ フライパンにオリーブオイル、にんにくを入れて弱火にかける。にんにくからプツプツと泡が出てきたら、焦がさないようにごく弱火で3〜4分かけて油に香りを移す。赤唐辛子を加え、さらに油に辛みを移す。

❸ 豚肉を加え、焼き色がつくまで炒める。

❹ 白ワインを回し入れ、水分がなくなったらゆで汁を数回に分けて加えてゆすり混ぜる。

❺ キャベツは食べやすい大きさに切り、スパゲティがゆで上がる30秒前に鍋に入れて一緒にゆでる。

❻ ❹にゆで上げたスパゲティとよく水けをきったキャベツ、オリーブオイル、パルメザンチーズを加えてあえる。

Chapter 4

日本では、昔から親しみのあるソースです。
イタリアでも、もっとも家庭的なソースのひとつ。
ただ、イタリアでは、
肉料理の残りを再利用した料理、
というイメージが強いようです。
だから、真実のミートソースは、
肉料理といつでもペアになっています。

驚愕！ ミートソースの真実

驚愕！ミートソースの真実　　1

ハンバーグが変身！ ミートソース

Ragu di Hamburger

スーパーや肉屋さんで売っている
できあいのハンバーグ。
玉ねぎやスパイスがすでに仕込まれていて、
実はすごく便利だ。焼きながらほぐして、
トマトソースでのばせば、
かんたんにおいしいミートソースができる。
ひき肉がゴロゴロしてるのも旨いんだよね。

焦げつきは"旨みの素"。怖がらずに焼く。

"旨みの素"はしっかりこそげ取って。

材料（2人分）

ハンバーグ（生でも焼いたものでもよい）	200g
オリーブオイル	大さじ1〜2
赤ワイン	1/2カップ
トマトソース（P14またはP16参照）	200cc
塩、こしょう	各適量
バター	大さじ1
パルメザンチーズ	大さじ2
スパゲティ	160g

作り方

❶ 鍋にオリーブオイルを入れて火をつけ、ハンバーグをほぐしながら強火で焼く。表面にしっかり焦げ目をつける。
❷ ほぼ火が通ったら、赤ワインを加え、水分がなくなるまで煮詰める。
❸ トマトソースを加えて混ぜ、味をみて、塩、こしょうで味をととのえる。
❹ ゆで上げたスパゲティ、バター、パルメザンチーズを加えてあえる。

落合の提言

● ハンバーグから出た余分な脂は捨てる。
● ソースがかたいようなら、水大さじ2ほどを加えて調節する。

Ragu di Hamburger

驚愕！ミートソースの真実 2

真実のミートソース
Ragu

気合いを入れてミートソースを作ろうよ。
欠かせないのは「ソフリット」だ。
香味野菜を細かく刻んで炒めたもので、
店でもたくさん作りおきしている。
これを加えることで、
ソースの深みは全然変わってくるから
手間がかかっても作ってほしい。

覚えて便利な落合テク

ソフリットは全体がしっとりするように炒め上げる。それには、細かいみじん切りが鉄則だ。落合式のみじん切りは、包丁でつぶして刻むだけ。ほかの野菜にも応用できる技だ。

適当な幅に切ったセロリを包丁の背でつぶす。

繊維は切れているので、あとは刻むだけ！

ミートソースの材料（5〜6人分）

牛ひき肉	500g
塩、こしょう	各適量
サラダ油	大さじ1〜2
ホールトマト	2缶（約800g）
赤ワイン	200cc

ソフリットの材料（5〜6人分）

にんじん	40〜50g
玉ねぎ	1/4個
セロリ	10cm
サラダ油	大さじ1〜1½

スパゲティの材料（2人分）

ミートソース	300cc
バター	10g
パルメザンチーズ	大さじ2
スパゲティ	160g

作り方

❶ ソフリットを作る。にんじん、玉ねぎ、セロリはみじん切りにしておく。

❷ フライパンにサラダ油を入れて弱火にかけ、にんじん、玉ねぎ、セロリを入れて全体がしっとりするまで焦がさないようにじっくり炒める。炒め上がったらバットなどに取り出しておく。ソフリットの完成。

❸ ミートソースを作る。ボウルにひき肉を入れ、塩、こしょうをして軽くなじませておく。

❹ 鍋にサラダ油を入れて強火にかけ、ひき肉をほぐしながら加えて焼く。できるだけさわらず、全体に焼き色をつける。

❺ 火が通ったらソフリットと赤ワインを回し入れ、水分がなくなるまで煮詰める。

❻ 手でつぶしたホールトマトを加え、沸騰したら弱火にして20〜30分煮込み、塩、こしょう（各分量外）で味をととのえる。ミートソースの完成。

❼ フライパンにミートソースを入れて温め、ゆで上げたスパゲティ、バター、パルメザンチーズを加えてあえる。

落合の提言

● ソフリットは作りおきしておくといろいろな料理に使えるので便利。
● ひき肉を炒めるときは絶対に混ぜない。焦げ目をつけないとおいしくないからだ。

驚愕！ミートソースの真実　　　3

インティンゴロパスタ

Intingolo

「インティンゴロ」とは、
肉を煮込んだときにできるソースのこと。
イタリアの家庭では、
このインティンゴロソースを使って
パスタを作るのだ。
牛ばら肉を煮込んだら、
具の肉を大きめに切って、肉ゴロゴロの
ゴージャスミートソースに仕上げてみては？

材料

牛ばら肉の煮込みソース（6～7人分）

牛ばら肉	1kg
塩、こしょう	各適量
小麦粉	適量
サラダ油	大さじ2～3
ソフリット（P33参照）	大さじ2
赤ワイン	200cc
ホールトマト	2缶（約800g）
水	400cc

スパゲティ（2人分）

牛ばら肉の煮込みソース	300cc
牛ばら肉の煮込み	4～5切れ
バター	10g
パルメザンチーズ	大さじ2
あればローズマリー	1枝
スパゲティ	160g

作り方

❶ 牛肉は5cm角に切り、塩、こしょうで下味をつける。
❷ 牛肉に小麦粉をまぶす。
❸ フライパンにサラダ油を入れて熱し、牛肉を強火で焼く。表面にしっかり焼き色がついたら、いったんバットなどに取り出しておく。
❹ ソフリットをフライパンに入れて温め、牛肉を入れて強火にし、熱くなったら赤ワインを一気に回し入れる。そのまま水分がなくなるまで煮詰める。
❺ 手でつぶしたホールトマトと水を入れ、強火で沸騰させる。沸騰したら弱火にし、あくを取り除きながら1時間～1時間半煮込む。牛ばら肉の煮込みソース（インティンゴロ）の完成。
❻ ❺の牛肉を取り出し、好みの大きさに切る。
❼ フライパンに❺のソースを入れて温め、ゆで上げたスパゲティとバター、パルメザンチーズを加えてあえる。
❽ 皿に盛り、❻の牛肉をのせ、あればローズマリーを添える。

驚愕！ミートソースの真実　　　　4

ポーク・インティンゴロのパスタ

Intingolo di Maiale

豚肉の煮込みで作るインティンゴロは、
白ワインと生クリームを加えて
少しまろやかに仕上げる。
豚肉を切る大きさはお好みで。
大きな肉を添えて、
ワンプレート風に仕上げてもいいんじゃない？

材料	
豚ばら肉の煮込みソース	
（6〜7人分）	
豚ばらかたまり肉	1kg
塩、こしょう	各適量
小麦粉	適量
サラダ油	大さじ1/2
ソフリット（P33参照）	大さじ2
白ワイン	200cc
ホールトマト	2缶（約800g）
水	300cc
生クリーム	大さじ1
スパゲティ（2人分）	
豚ばら肉の煮込みソース	200cc
豚ばら肉の煮込み	適量
バター	10g
パルメザンチーズ	大さじ2
イタリアンパセリ	適量
スパゲティ	160g

作り方

❶ 豚肉は5cm角に切り、塩、こしょうをふる。
❷ 豚肉に小麦粉をまぶし、サラダ油をひいたフライパンで焼く。
❸ 表面にしっかりと焼き色がついたら鍋に移し、ソフリットと白ワインを回し入れ、水分がなくなるまで煮詰める。
❹ 手でつぶしたホールトマトと水を加えて強火で煮立たせ、弱火にして20〜30分煮込む。味をみて、塩、こしょう（分量外）で味をととのえる。豚ばら肉の煮込みソースの完成。
❺ フライパンに④のソースを温め、豚肉は取り出して食べやすい大きさに切ってフライパンに戻す。生クリームを加えて混ぜる。
❻ ゆで上げたスパゲティ、バター、パルメザンチーズを加えてあえる。皿に盛り、手でちぎったイタリアンパセリをちらす。

辛いトマトソース、アラビアータ。
アーリオオーリオにトマトを加えて作ります。
そう、唐辛子だけでなく、
にんにくの辛みもあってこその奥深い辛さ。
僕はアラビアータでお酒を飲むのも好き。
赤ワインと一緒に、ゆっくり食べるのが大人の食べ方です。

| Chapter | 5 |

辛口！ アラビアータが脳天直撃

辛口！アラビアータが脳天直撃

基本のアラビアータ
all' arrabbiata

かんたんに言うと、
アーリオオーリオソースに
ホールトマトを加えて
煮詰めればいい。
にんにくと唐辛子は大事な
辛みの素になるから、
取り出さずに最後まで
一緒に煮込むのがおすすめだ。
もちろん役目を終えたにんにくと
唐辛子は食べなくていいからね！

材料（2人分）	
オリーブオイル	大さじ4
にんにく	4〜5片
赤唐辛子	1〜2本
ホールトマト	1缶（約400g）
塩	小さじ1/3
オリーブオイル（仕上げ用）	大さじ1
スパゲティ	160g

作り方

❶にんにくは包丁の腹などでつぶし、皮を除く。赤唐辛子は縦半分に切り、種を除く。
❷フライパンにオリーブオイル、にんにくを入れて弱火にかける。にんにくからプツプツと泡が出てきたら、焦がさないようにごく弱火で3〜4分かけて油に香りを移す。赤唐辛子を加え、さらに油に辛みを移す。
❸手でつぶしたホールトマトを加えて強火にし、沸騰したら弱火にして3〜4分煮詰め、塩で味をととのえる。
❹ゆで上げたスパゲティと仕上げのオリーブオイルを加えてあえる。

落合の提言

辛すぎるのが苦手なら、
唐辛子は香りを移した
あとに取り除く。

all'arrabbiata

辛口！アラビアータが脳天直撃　　2

プッタネスカ

alla Puttanesca

アンチョビ、ケッパー、オリーブが入った
トマトソース「プッタネスカ」。
すごくイタリア的な味で、僕も大好きだ。
ただ、どれも塩味が強い食材だけに、
味付けは慎重に。
個人的にはキリリとしょっぱい味が
いいと思う。
「しょっぱい！」おいしさをめざそう。

材料（2人分）

にんにく	4〜5片
赤唐辛子	1本
アンチョビ	4〜5切れ
ケッパー	大さじ1
黒オリーブ	10粒
グリーンオリーブ	3粒
オリーブオイル	大さじ4
刻んだパセリ	大さじ1
塩	小さじ1
ホールトマト	1缶（約400cc）
イタリアンパセリ	適量
スパゲティ	160g

作り方

❶にんにくは包丁の腹などでつぶし、皮を除く。赤唐辛子は縦半分に切り、種は除く。アンチョビ、ケッパー、黒オリーブ、グリーンオリーブも粗みじんにする。

❷フライパンにオリーブオイル、にんにくを入れて弱火にかける。にんにくからプツプツと泡が出てきたら、焦がさないようにごく弱火で3〜4分かけて油に香りを移す。赤唐辛子を加え、さらに油に辛みを移す。

❸パセリ、アンチョビ、ケッパー、黒オリーブ、グリーンオリーブを加え、アンチョビが溶けるくらいまで、焦がさないように炒める。

❹全体がとろんとしたら、手でつぶしたホールトマトを加えて強火にし、沸騰したら弱火にして2〜3分煮詰め、塩で味をととのえる。

❺ゆで上げたスパゲティを加えてあえる。皿に盛り、手でちぎったイタリアンパセリをちらす。

辛口！アラビアータが脳天直撃　　3

えびチリスパゲティ

Gamberi Piccante

「アラビアータとえびチリって似てる!?」
と、思って作ってみた。
ただえびを入れるだけじゃ、面白くない。
ホワイトセロリという香味野菜を使うと、
すごく中華っぽさが増すのだ。
これ、ぜひ試してほしいポイント。
カリカリにんにくで香ばしさもプラスして。

材料（2人分）

にんにく（トッピング用）	1片
オリーブオイル（またはサラダ油。トッピング用）	大さじ2
むきえび	16尾
塩	適量
オリーブオイル	小さじ1
セロリ	15cm
オリーブオイル（ソース用）	大さじ3
にんにく（ソース用）	4〜5片
赤唐辛子	1/2本
ホールトマト	1缶（約400g）
スパゲティのゆで汁	大さじ3
ホワイトセロリ	3本
（または三つ葉5本）	
オリーブオイル（仕上げ用）	大さじ1
スパゲティ	160g

作り方

❶フライパンにオリーブオイルと皮をむいて薄切りにしたにんにくを入れて火をつけ、弱火で炒める。色が早く変わりはじめたら火から離して焦げないように注意し、きつね色に仕上げる。

❷ソース用のにんにくは包丁の腹などでつぶし、皮を除く。赤唐辛子は縦半分に切り、種は除く。セロリは包丁の腹で繊維をつぶしてせん切りにする。えびは塩で下味をつける。ホワイトセロリは3cm長さに切る。

❸フライパンにオリーブオイルを入れて弱火にかける。にんにくからプツプツと泡が出てきたら、焦がさないようにごく弱火で3〜4分かけて油に香りと辛みを移す。セロリも加え、強火にしてサッと炒め、火を止める。

❹別のフライパンにオリーブオイルを入れて強火にかけ、えびを炒める。えびの色が変わったらバットなどに取り出しておく。

❺❸に手でつぶしたホールトマトを加えて水分がなくなるまで2〜3分煮詰める。

❻❺に❹のえび、ゆで上げたスパゲティ、オリーブオイルを加えてあえる。

❼皿に盛り、❶のにんにくとホワイトセロリをのせる。

Chapter 6

チーズにバター。
こってりしたものって、やっぱり旨い。
もちろんイタリア人も大好きで、
さまざまな「こくまろパスタ」が存在します。
生クリームにチーズを溶かしたもの、
カルボナーラ……。
とろとろとやさしく煮詰めて作る、
やさしい味がそろっています。

こっくり！チーズ＆バターのこくまろパスタ

こっくり！チーズ＆バターのこくまろパスタ　　　1

基本のゴルゴンゾーラパスタ
al Gorgonzola

チーズは香りも大事なおいしさ。
熱で香りがとんでしまうので、
静かに混ぜながら、少しずつやさしく溶かす。
ゴルゴンゾーラには皮みたいな部分があって
これは、香りがいちばんいいところ。
捨てないで必ず入れてほしい。

沸騰しそうになったらフライパンを火から離す。

材料（2人分）

ゴルゴンゾーラチーズ	80g
生クリーム	120cc
無塩バター（またはバター）	大さじ1
パルメザンチーズ	大さじ2
黒こしょう	適量
スパゲティ	160g

作り方

❶フライパンにゴルゴンゾーラチーズと生クリームを入れて弱火にかける。
❷ゴムべらなどでゴルゴンゾーラチーズをくずしながら溶かし混ぜる。弱火で沸騰しないように注意する。
❸ゆで上げたスパゲティ、バター、パルメザンチーズを加えてあえ、黒こしょうをふる。

落合の提言

●ソースが薄い場合は、
小麦粉の中で転がしたバターを加えるとよい。
●濃い場合は、
生クリーム（または水）
大さじ1～2を加えて調整する。

**覚えて
便利な
落合テク**
バターを量るのは少し面倒。僕は、バターを買ってきたら角切りにして容器に入れておく。1片を5gとか10gにしておけば料理中に量らなくても済むから。保存は必ずラップをして。

al Gorgonzola

クアトロフロマッジのパスタ

ai al Quattro

ピッツァなどでも人気の「クアトロフロマッジ」。
4種類のチーズのこくが、
4倍以上の味を生む傑作ソースだ。
そんなにチーズが揃わない？
だったら、今あるチーズで合計が同じ量に
なるようにすればいいんだよ。

材料（2人分）

ゴルゴンゾーラチーズ	20g
タレッジオチーズ	20g
フォンティーナチーズ	20g
パルメザンチーズ	20g
生クリーム	120cc
バター	大さじ1
スパゲティ	160g

作り方

❶フライパンにパルメザンチーズ以外のチーズと生クリームを入れて弱火にかける。
❷チーズをゴムべらなどでくずしながら溶かし混ぜる。沸騰しないように注意すること。
❸②にゆで上げたスパゲティ、バター、パルメザンチーズを加えてあえる。

落合の提言

必須のチーズは
ゴルゴンゾーラチーズと
パルメザンチーズ。

こっくり！チーズ＆バターのこくまろパスタ　3

スモークサーモンのクリームパスタ

alla Panna e Salmone Affumicato

クリームソースにいちばん合う具は
サーモン、そしてきのこだと思う。
特にスモークサーモンは
燻製の香りがほのかに漂い、
うん、ぴったりだ。生クリームは煮詰めた分だけ、
こくが増す。もちろん焦げちゃおしまいだけど、
勇気を出してグツグツさせちゃおう。

材料（2人分）

スモークサーモン（切り落としでもよい）	100〜130g
バター（炒め用）	小さじ1
生クリーム（乳脂肪分30％）	150cc
塩	小さじ1/3
こしょう	適量
エリンギ	1本
（または生マッシュルーム5個、またはしいたけ3個）	
バター（仕上げ用）	大さじ1
パルメザンチーズ	大さじ2
サラダほうれんそう	1/2わ
スパゲティ	160g

作り方

❶ スモークサーモン、サラダほうれんそうは食べやすい大きさに切り、エリンギは5cm長さの棒状に切っておく。

❷ フライパンに炒め用のバターとスモークサーモンを入れて弱火にかける。スモークサーモンの色が変わったら、生クリームを加え、弱火で沸騰させる。

❸ 塩、こしょうで味をととのえ、全体の分量が3/4量になるまで煮詰める。

❹ エリンギを加えてさっとあえ、火を止める。

❺ ゆで上げたスパゲティ、仕上げのバター、パルメザンチーズを加えてあえ、サラダほうれんそうを加えてさっとあえる。

落合の提言

乳脂肪分40％以上の
生クリームなら分量を少し減らし、
煮詰めなくてもよい。

こっくり！チーズ＆バターのこくまろパスタ　　4

マヨ＆卵黄のぶっちぎりカルボナーラ

alla Carbonara di Maionese

マヨネーズを使ったかんたんカルボナーラ。
これが、あなどれない。
マヨネーズは味も完成しているし、
独特のまろやかさがある。
ここにパルメザンチーズとベーコンの脂を加えれば、
カルボナーラソースが、ほらできた。
ぶっちぎりでいけるんだから！

材料（2人分）

ベーコン	120g
マヨネーズ	100g
卵黄	2個分
オリーブオイル	50cc
パルメザンチーズ	大さじ3
黒こしょう	小さじ1/4〜1/3
サラダ油	少々
スパゲティのゆで汁	大さじ4
スパゲティ	160g

作り方

❶ベーコンは5mm幅に切っておく。
❷ボウルにマヨネーズと卵黄を入れ、泡立て器で混ぜ合わせる。オリーブオイルを少しずつ加えて混ぜ込み、全体がなじんだらパルメザンチーズと黒こしょうも加えて混ぜる。
❸フライパンにサラダ油とベーコンを入れて弱火にかけ、炒める。
❹ベーコンの脂が出てきたら、いったん火を止め、ゆで汁を数回に分けて加え、焦げつきをこそげ取る。
❺ゆで上げたスパゲティを加えてあえ、皿に盛る。フライパンに残ったソースと❷をかける。

落合の提言

火を止めても余熱でソースがかたまるので、手早く仕上げる。

海の幸って、本当にすごい。
アタマからシッポまで、
旨みエキスにあふれているのだから。
それはもちろんパスタにも大活躍します。
そして、イタリア以上に、日本は海の幸の宝庫！
おいしい魚介が手に入ったら、
たまにはパスタに生かしてみても、
いいんじゃないかな。

Chapter	7

豪快！ 海の幸大漁パスタ

豪快！海の幸大漁パスタ　　1

かに丸ごとパスタ

Granchio Intero

かにを丸ごとパスタにしちゃった。
かには身を出さず、そのままソースにしてしまう。
なぜなら旨みは殻から出てくるのだから。
ただし、はさみや脚には切り目を入れておこう。
そうそう、手が汚れても、
やっぱりかにはかぶりつかないと
おいしくないんだ！

材料（2人分）

べにずわいがに	1杯
（またはわたりがに2杯）	
オリーブオイル	大さじ2
にんにく	1片
白ワイン（または水）	50cc
ホールトマト	1缶（約400g）
塩	小さじ1/3
あればエストラゴン	
（瓶詰め酢づけ）	5〜6枚
あればエストラゴンのつけ酢	
	小さじ1/2
オリーブオイル（仕上げ用）	
	大さじ1
イタリアンパセリ	適量
スパゲティ	160g

作り方

❶かには脚をはさみか包丁で切る。殻を手ではずし、がにを除く。わたはボウルに取っておく。爪や脚ははさみで中央に切り目を入れておく。
❷フライパンにオリーブオイルとにんにくを入れ、火にかける。
❸にんにくが色づいたら火を弱め、かにの身と脚を入れ、強火で炒める。
❹水分が蒸発してくるとシャーという音がしてくるので、そこへ白ワインを加え、強火のまま、焦げつきをこそげ取りながら煮詰める。
❺手でつぶしたホールトマトと塩を加え、再度煮詰める。
❻かには取り出し、ソース全体がとろっとするまで煮詰める。
❼かにのわたをよくつぶし、❻に混ぜる。
❽刻んだエストラゴンと、つけ酢、ゆで上げたスパゲティ、仕上げのオリーブオイルを加えてさっと混ぜる。
❾❻で取り出したかにをフライパンに戻してあえる。皿に盛り、手でちぎったイタリアンパセリをちらす。

いか丸ごとパスタ

Totano Intero

いかのご馳走といえば、わた。
これが、白ワインに合う！
だからパスタにも合うのだ。
また、玉ねぎでもおいしいんだけど、
今回は、長ねぎを使ってみた。
ねぎの風味はいかにぴったりだから。
また、いかは火を通しすぎるとかたくなるから、
ささっと作っちゃうこと。

材料（1人分）

するめいか	1杯
塩	小さじ1/3
長ねぎ	1/2本
オリーブオイル	大さじ2
にんにく	1片
赤唐辛子	1/4本
白ワイン	大さじ1
水	70cc
オリーブオイル（仕上げ用）	大さじ1
バター（仕上げ用）	5g
からすみパウダー	適量
イタリアンパセリ	適量
スパゲティ	40g

作り方

❶ いかはわたとすみを取り除き、身は1cm幅の輪切りにし、塩をふっておく。

❷ わたはまな板の上でたたいておく。長ねぎは斜め薄切りにする。

❸ フライパンにオリーブオイルとにんにく、赤唐辛子を入れて火にかける。

❹ にんにくに色がつきはじめたら赤唐辛子を取り出し、いかと①のすみを加えて強火で炒める。

❺ いかの色が変わったら長ねぎを加え、さらに炒める。

❻ 白ワインを加えて煮詰め、水と②のわたを加える。

❼ ゆで上げたスパゲティと仕上げのオリーブオイル、バターを加えてあえる。皿に盛り、からすみパウダー、手でちぎったイタリアンパセリをふる。

豪快！海の幸大漁パスタ　　3

車えびバシバシパスタ
Gamberi

えびは殻においしさが詰まっている。
ただし、身がかたくなりやすいので
殻と身を別々に調理するのが正解だ。
いったん炒めたら取り出し、
〝ソース旨み担当〞の殻と
〝プリプリ具担当〞の身に分ける。
今回はトマトソースに仕上げたけれど、
そのほかのソースを作るとしても、この方法で。

材料（2人分）

車えび	大6〜8尾（または小12尾）
オリーブオイル	大さじ2
にんにく	1片
白ワイン	大さじ2
ホールトマト	1缶（約400g）
塩	適量
バター（仕上げ用）	小さじ1
オリーブオイル（仕上げ用）	小さじ1
イタリアンパセリ	適量
スパゲティ	160g

作り方

❶車えびは頭を落としておく。頭は縦半分に切る。
❷フライパンにオリーブオイルとにんにくを入れ、火にかける。
❸にんにくの色が変わったら、車えびの身と頭を加えて炒め、色が変わったら身だけ取り出して殻をむいておく。
❹白ワインを加え、車えびの頭をつぶしながら煮詰める。
❺手でつぶしたホールトマトを加え、だしとなじませるように煮詰め、塩で味をととのえる。
❻全体がとろっとしてきたらゆで上げたスパゲティを加えてあえる。
❼火から下ろして車えびの身を加え、バター、オリーブオイルをあえる。皿に盛り、ちぎったイタリアンパセリをちらす。

豪快！海の幸大漁パスタ　4

魚介いろいろラグーパスタ

Ragu di Frutti del Mara

刺身があまったら、ラグーにしよう。
つまり、魚介のミートソース。
もちろん今回紹介した魚介以外でも
おいしくできるから、
いろんな〝あまり魚介〟で作ってみてほしい。
それぞれの個性がじわっと広がる、
滋味深いラグーができるはず。

材料（2人分）

かじきまぐろ	50g
むきえび	50g
帆立て貝柱	2個
いか	50g
にんにく	2片
オリーブオイル	大さじ3
塩、こしょう	各適量
白ワイン	大さじ2
つぶしたホールトマト	大さじ3
白ごま	大さじ1
小麦粉	小さじ1/2
水	100cc
バジルの葉または大葉	2～3枚
パルメザンチーズ	大さじ1
バター	小さじ1
スパゲティ	160g

バジリコマヨネーズ

マヨネーズ	大さじ3
バジルの葉	5枚

作り方

❶バジリコマヨネーズを作る。マヨネーズとバジルの葉をフードプロセッサにかけ、ペースト状にしておく。
❷魚介類は粘りが出るまで包丁でたたく（フードプロセッサにかけてもよい）。
❸フライパンに、粗みじん切りにしたにんにくとオリーブオイルを入れて火にかけ、プチプチと音がしたら弱火にする。
❹②の魚介類と塩小さじ1/2、こしょう少々を加え、表面に焼き目がつくように炒める。あまりいじらないこと。
❺白ワインを加え、焦げつきをこそげ取りながら煮詰める。
❻ホールトマトと白ごまを順に加えて混ぜ合わせる。
❼小麦粉を加え、だまにならないようよく混ぜる。さらに水を加え、とろみがつくまで煮る。塩、こしょうで味をととのえる。
❽ゆで上げたスパゲティ、細く刻んだバジルの葉または大葉、パルメザンチーズ、バターを加えてあえる。皿に盛り、バジリコマヨネーズをかける。

豪華に伊勢えびパスタ

Aragosto

伊勢えびを1尾使ったラグジュアリーなパスタ。
見た目も豪華だけれど、味も豪華だ。
だから風味づけにはブランデーを使おう。
香りが断然よくなるので、伊勢えびも映える。
プリプリの肉質を実現するため、
焼くときは油をかけながら
ていねいに、じっくりと。

材料（2人分）

伊勢えび	1尾
にんにく	2片
赤唐辛子	3本
オリーブオイル	大さじ3
刻んだイタリアンパセリ（ソース用）	小さじ1
ブランデー（または白ワイン）	大さじ3
ホールトマト	1缶（約400g）
塩	適量
バター	小さじ1
イタリアンパセリ（仕上げ用）	適量
スパゲティ	160g

作り方

❶ えびは縦半分に切り、身にまんべんなく塩をふる。にんにくは包丁の腹などでつぶし、皮を除く。赤唐辛子は縦半分に切り、種は除く。
❷ フライパンににんにくとオリーブオイルを入れて火にかける。
❸ プチプチと音がし始めたら、刻んだイタリアンパセリと赤唐辛子を加える。
❹ えびは殻を下にして加え、中火で焼く。スプーンでえびの身にオイルをかけながらジワジワと火を通す。
❺ 表面が白くなったら裏返す。
❻ フライパンを火から離し、ブランデーまたは白ワインを加え、火が入らないように注意しながら煮詰める。
❼ 手でつぶしたホールトマトをえびにかからないように加える。
❽ トングなどでえびのわたを取り出し、ホールトマトになじませ、塩で味をととのえる。
❾ ゆでたスパゲティとバターを加えてあえる。
❿ 皿に盛り、手でちぎったイタリアンパセリを飾る。

豪快！海の幸大漁パスタ   6

エグ旨ペスカトーレ

alle Pescatole

ペスカトーレとは、つまり魚介のトマトソース。
その「エグいほど旨い」バージョンがこれ。
たくさんの貝をフライパンに閉じ込め、
煮詰めては水分を加え、
ジワジワジワジワ旨みを凝縮させていく。
そのとろんとしたソースの
味わい深さときたら……たまらないよ！

材料（2人分）

ムール貝	4個
あさり	12個
はまぐり	4個
車えび	2尾
いか	50g
オリーブオイル（ソース用）	大さじ2
にんにく	1片
ホールトマト	1缶（約400g）
水	大さじ2
塩	適量
バター	小さじ1
オリーブオイル（仕上げ用）	小さじ1
万能ねぎ（刻む）	10cm
スパゲティ	160g

作り方

❶にんにくは包丁の腹などでつぶし、皮を除く。いかは食べやすい大きさに切る。
❷フライパンにオリーブオイル、にんにくを入れて火にかける。
❸にんにくがやわらかくなったら火を止め、貝類とえびを加え、ふたをして弱火にかける。
❹貝が口を開けたら貝類とえびをバットなどに取り出し、エキスはフライパンに戻す。
❺弱火で煮詰めていき、煮詰まる寸前にいかを加え、色が変わったらバットに取り出しておく。
❻❺のフライパンに手でつぶしたホールトマトと水を入れて煮詰め、塩で味をととのえる。
❼スパゲティがゆで上がる直前に貝類、えび、いかを戻す。
❽ゆで上げたスパゲティ、バター、仕上げのオリーブオイルを加えてあえる。
❾皿に盛り、万能ねぎをかける。

Chapter 8

美しい褐色に焦がしたバターが
そのままソースになる、シンプルなパスタです。
ローマで初めて食べたときに感動し、
さっそく作ってみたのですがうまくいきません。
練習を重ねてコツをつかんだときはうれしかった！
そんなよろこびも、味わってほしいパスタです。

芳醇！ バター＆パルメザンチーズの世界

芳醇！バター＆パルメザンチーズの世界　　1

基本のバターパルミジャーノ

Burro e Parmigiano

ポイントはただひとつ。
「バターを焦がすことをこわがらない、でも焦がさない」
料理用語で「はしばみ色」と呼ばれる、
美しい褐色をめざして勇気を出す。
その一瞬を逃さなければ必ずできるのだから。
その瞬間にゆで汁を加えて
焦げを止めることに心血を注げ！

材料（2人分）

バター	40〜50g
スパゲティのゆで汁	大さじ3〜4
パルメザンチーズ	30g
スパゲティ	160g

作り方

❶ フライパンにバターを入れ、弱火にかける。フライパンをゆすりながらバターを溶かし、全体が茶色くなる寸前にゆで汁を加える。
❷ ゆで上げたスパゲティとパルメザンチーズを加え、あえる。
❸ 皿に盛り、削ったパルメザンチーズ（分量外）をかける。

透明感のある褐色をめざす。

Burro e Parmigiano

芳醇！バター＆パルメザンチーズの世界　　　2

クレソン入りバターパルミジャーノ

Burro e Parmigiano con Crescione

褐色バターを作れるようになったら、
具を入れてみる。これに合うのはクレソン！
バターに少し青い香りが、それはそれは合う。
香りを立たせるために、
クレソンは最後に加える。
茎のシャキシャキ感も生きるので、
あまり火を通してはいけないのだ。

材料（2人分）

クレソン	1/2わ
バター	40〜50g
スパゲティのゆで汁	大さじ3〜4
パルメザンチーズ	30g
スパゲティ	160g

作り方

❶ クレソンは2cm長さに切る。
❷ フライパンにバターを入れ、弱火にかける。フライパンをゆすりながらバターを溶かし、全体が茶色くなる寸前にゆで汁を加える。
❸ ゆで上げたスパゲティ、クレソン、パルメザンチーズを加え、あえる。

芳醇！バター＆パルメザンチーズの世界　　3

鶏もつバターパルミジャーノ

Burro e Parmigiano con Cuore e Fegato di Pollo

クリアな焦がしバターソースを
実現したいから、
鶏もつは同じフライパンで炒めない。
表面をカリッとさせるために別に炒め、
最後に合わせるのがポイントだ。
鶏もつの食感バリエーションをより立てるため、
ズッキーニも入れちゃおう。

材料（2人分）	
レバー、はつ	計100g
塩、こしょう	各少々
小麦粉	適量
ズッキーニ	5cm
サラダ油	大さじ1
バター	40〜50g
スパゲティのゆで汁	大さじ3〜4
パルメザンチーズ	30g
スパゲティ	120g

作り方

❶鶏もつは塩、こしょうで下味をつけ、小麦粉をまぶしておく。ズッキーニは細切りにする。
❷フライパンにサラダ油を熱し、鶏もつを焼く。焼き色がついたらバットなどに取り出しておく。
❸別のフライパンにバターとズッキーニを入れ、弱火にかける。フライパンをゆすりながらバターを溶かし、全体が茶色くなる寸前にゆで汁を加える。味をみて、足りなければ塩（分量外）を加える。
❹スパゲティがゆで上がる直前に鶏もつを戻す。
❺ゆで上げたスパゲティとパルメザンチーズを加え、あえる。

Chapter 9

店では「イタリアそのままの味」
と言われている僕ですが、
新しい味を考えるのも大好き。
和風パスタもそうです。
小麦の味やツルツルした食感と
具の組み合わせを考えるのは
……なんだか丼みたいです。
そんな新作ぞろいの〝和味〞をどうぞ。

和味！ 奥深きパスタ・ジャポネーゼ

和味！奥深きパスタ・ジャポネーゼ　　1

ねぎとろアボカドのジャポネーゼ

Abocado Porri e Tonno alla Giapponese

しょうゆで調味したねぎとろを
パスタに合わせるときは、
軽〜くオリーブオイルで炒めて表面を焼く。
もちろん中はレアでOKだ。
アボカドを入れると、
ますますとろっぽくなるのはご存知の通り。
市販のねぎとろでいいんだから。

材料（2人分）	
ねぎとろ（市販品）	100g
塩	小さじ1/4
こしょう	少々
アボカド	1/2個
長ねぎ	5cm
オリーブオイル	大さじ2
しょうゆ	小さじ1/2
すりごま	小さじ1
わさび	小さじ1/2
スパゲティのゆで汁	
	大さじ3〜4
刻みのり、すりごま（仕上げ用）	
	各適量
スパゲティ	160g

作り方

❶ ボウルにねぎとろを入れ、塩、こしょうで下味をつける。
❷ アボカドは皮をむいて種を除き、1cm角に切る。長ねぎは粗みじんにする。
❸ フライパンにねぎ、オリーブオイルを入れ、火にかける。小さい泡が出てきたら火から離し、ねぎとろを加える。
❹ 弱火にかけ、ねぎとろを軽くほぐす。半分くらい火が通ったら火を止め、アボカドを加えて混ぜ合わせる。
❺ 鍋肌からしょうゆを加え、香りが立ったらゆで汁、すりごま、わさびも加えて混ぜ合わせる。
❻ ゆで上げたスパゲティを加えてあえる。好みでしょうゆ（分量外）を加えてもよい。
❼ 皿に盛り、刻みのりとすりごまをかける。

Abocado Porri e Tonno alla Giapponese

和味！奥深きパスタ・ジャポネーゼ　2

白身とイクラのジャポネーゼ

Pesce Crudo e Uovo di Salmone alla Giapponese

「海鮮丼」をイメージした
具だくさんの和風パスタ。
貝割れ菜とみょうがが薬味みたいで、
ますます海鮮丼っぽいでしょ？
そして、丼同様、冷蔵庫に刺身が
あまっていたらのせればいい。
仕上げにはオリーブオイルではなく、
ごま油も使ってみよう。

材料（2人分）

白身魚（刺身用）	50g
帆立て貝柱（刺身用）	2個
かじきまぐろ（刺身用） （またはまぐろの赤身）	50g
塩、こしょう	各少々
オリーブオイル	大さじ3
にんにく	2片
貝割れ菜	1/2パック
スパゲティのゆで汁	大さじ3
ごま油	小さじ1/3
みょうが	1個
イクラ	大さじ1
スパゲティ	160g

作り方

❶ 刺身はさくなら5mm厚さに切る。帆立て貝柱も同じ厚さに切る。塩、こしょうで下味をつけておく。
❷ フライパンにオリーブオイル、にんにくを入れて火にかける。
❸ プチプチと音がしはじめたらゆで汁を2〜3回に分けて加え、火から下ろしてとろんとするまでゆすり混ぜる。
❹ ごま油を加え、混ぜ合わせる。
❺ ゆで上げたスパゲティ、刺身、斜め薄切りにしたみょうがを加えてあえる。最後に貝割れ菜も加えてあえる。
❻ 皿に盛り、イクラを添える。

落合の提言

魚にあまり
火を通さないようにするため、
刺身は最後に
スパゲティと混ぜる。

あじのたたきの納豆ジャポネーゼ

Suro Crudo e Fermentagione di Soie alla Giapponese

納豆スパはすでにポピュラー。
ここに、あじのたたきを加えて、
ますます和テイストに仕上げる。
裏ワザは、ソースを中国茶でのばすところ。
中華料理ではソースを中国茶でのばすから、
マネをしてみたのだ。
ジャスミン茶にウーロン茶、
あるものでいいから試してみてよ。

材料（2人分）

あじ（刺身用）	大1尾
（または小2尾）	
オクラ	5本
納豆	1パック
長ねぎ（刻む）	大さじ1
しょうゆ	大さじ1
（または納豆についている	
たれ1袋)	
練り辛子	少々
オリーブオイル	大さじ2
中国茶（または水）	
	大さじ1〜2
バジルの葉	1枚
刻みのり	ひとつかみ
オリーブオイル（仕上げ用）	
	小さじ1
パルメザンチーズ	小さじ1
スパゲティ	160g

作り方

❶ あじは5mm幅に切る。オクラはさっと下ゆでし、輪切りにしておく。
❷ 納豆、ねぎは包丁でたたき、しょうゆ、辛子を加えてさらにたたく。
❸ ①と②すべてをボウルに入れ、オリーブオイル、中国茶も加えてまぜる。味をみて足りなければ塩（分量外）で味をととのえる。
❹ 刻んだバジルの葉、刻みのりを加える。
❺ ゆで上げたスパゲティをフライパンまたはボウルに入れ、仕上げ用のオリーブオイル、パルメザンチーズをあえる。
❻ 器に盛り、④をかける。

Chapter 10

冷たいパスタは、前菜です。
スパゲティより細い「カペリーニ」を使います。
前菜だから量もちょびっと。
ひと巻きかふた巻きで食べられるのがいいんです。
トマトやピーマン、素材の持ち味を
生かしたソースで、パクッ。
スプマンテなんて飲みながら、贅沢にどうぞ。

ひんやり！ 冷製パスタの色とりどり

ひんやり！冷製パスタの色とりどり　　1

冷たいトマトのパスタ

alla Checca

トマトのパスタでは、煮込む場合はホールトマト、
冷たいソースにはフレッシュトマトと決めている。
トマト本来のおいしさを生かしたいからだ。
トマトから出るジュースとオイル、
ビネガーをよく混ぜ合わせ、
まろやかさを出すのが身上。
そしてこのソース、15分くらいおいてから
パスタにかけるとさらに旨い。

材料（2人分）

トマト	小4個
にんにく	1片
バジルの葉	3枚
塩、こしょう	各少々
ワインビネガー	小さじ1
オリーブオイル	大さじ3
カペリーニ	80g

作り方

❶ トマトは湯むきし、へたを取って8等分のくし形にする。にんにくはみじん切りに、バジルの葉は手でちぎる。
❷ ボウルに①をすべて入れ、塩、こしょう、ワインビネガー、オリーブオイルを加え、とろっとするまでしっかり混ぜ合わせる。
❸ ゆで上げたカペリーニは水に取ってさまし、よく水けをきって皿に盛る。②をかける。

落合の提言

カペリーニは
常温の水で冷やす。
氷水などは必要ない。
水けはしっかりときること。

ひんやり！冷製パスタの色とりどり　　　2

冷たいピーマンパスタ

coi Peperoni Rossi e Gialli Freddi

ピーマンは、表面を焦げるまで焼いて
さますと、皮がツルリとむける。
果肉がとろっとして
甘さも増すテクニックだ。
この独特のやわらかなピーマンに
トマトを加えて冷たいソースを作ると、
フルーツみたいな甘さで、色もカラフル。
おもてなしにも使えるひと皿だ。

材料（2人分）

赤・黄ピーマン	各1/4個
トマト	小2個
にんにく	1片
塩、こしょう	各少々
ワインビネガー	大さじ1
オリーブオイル	大さじ3～4
バジルの葉	4～5枚
バジルの葉（飾り用）	適量
カペリーニ	80g

作り方

❶ 2種のピーマンは魚焼きグリルで表面が黒く焦げるまで焼き、さましてから皮をむいて細切りにする。

❷ トマトは湯むきし、種を取ってピーマンと同様に切る。にんにくはみじん切りに、バジルの葉は手でちぎる。

❸ ボウルに①、②、塩、こしょう、ワインビネガー、オリーブオイルを入れ、混ぜ合わせる。

❹ ゆで上げたカペリーニは水にとってさまし、よく水けをきって皿に盛る。③を回しかけ、バジルの葉を飾る。

ひんやり！冷製パスタの色とりどり　　　3

冷たいからすみパスタ
alla Bottarga Fredda

辛めのアーリオオーリオソースを
冷やしたボウルに入れ、
からすみと一緒にグルグル混ぜる。
するとみるみるとろん！
シャンパンが欲しくなる味だ。

材料（2人分）

オリーブオイル	大さじ3
にんにく	1片
赤唐辛子	1/2本
カペリーニのゆで汁	大さじ3
からすみ	大さじ1
芽ねぎ	10本
あれば生唐辛子	2本
あればからすみスライス	適量
カペリーニ	80g

作り方

❶ にんにくは包丁の腹などでつぶし、皮を除く。
❷ フライパンにオリーブオイルとにんにくを入れて火にかける。プツプツと泡が出てきたら火を弱め、赤唐辛子を加える。香りが出たら唐辛子は取り除く。
❸ ゆで汁を2〜3回に分けて加え、混ぜ合わせる。
❹ ③を小さめのボウルに入れ、氷の入った大きめのボウルと重ね、冷やしながら混ぜ合わせる。
❺ からすみを加え、3cm幅に切った芽ねぎ（飾り用をとっておく）を加えてさらに混ぜる。
❻ ゆで上げたカペリーニは水にとってさまし、よく水けをきり、⑤に加えてあえ、皿に盛る。
❼ 刻んだ生唐辛子、からすみスライス、飾り用の芽ねぎをのせる。

ひんやり！冷製パスタの色とりどり　　4

冷たいミートソース

al Ragu di Sarsiccia Fredda

ミートソースが温かいなんて、
誰が決めた？
冷たくったって
ミートソースはおいしいのだ。
ゆでたオクラを入れて、
すこし粘りを出し、
パスタに絡みやすくして。

材料（2人分）

生ソーセージ	
（または生ハンバーグ）	100g
赤唐辛子	1本
オクラ	5本
長ねぎ	5cm
サラダ油	小さじ1
パルメザンチーズ	大さじ1
バター	小さじ1
つぶしたホールトマト	
	大さじ2〜3
塩、こしょう	各少々
オリーブオイル	少々
カペリーニ	80g

作り方

❶ 生ソーセージは中身を取り出す。赤唐辛子は種を取り除く。オクラは5mm幅の輪切りにする。ねぎはみじん切りにして水にさらし、ふきんなどで絞ってよく水けをとっておく。

❷ フライパンにサラダ油をひき、生ソーセージの中身を崩しながら焼く。あまりいじらず、焦げ目をつける。

❸ 赤唐辛子、オクラを加えて炒める。

❹ パルメザンチーズ、バター、ホールトマトを加え、煮詰める。

❺ 塩、こしょう、オリーブオイルで味をととのえる。

❻ ❺を小さめのボウルに入れ、氷の入った大きめのボウルと重ね、冷やしながら混ぜ合わせる。

❼ ゆで上げたカペリーニは水にとってさまし、よく水けをきる。皿に盛り、❻、❶のねぎをちらす。

Chapter 12

締め！ ラーメン代わりの酒後パスタ

「ボリート」とは"イタリアンおでん"みたいなもの。
イタリアでは、このスープにカペリーニを浮かべ、
病気のときなどに食べます。
おかゆのような、おふくろの味なのです。
僕はこれをお酒のあとに食べるのが好き。
ラーメンよりも胃にやさしく、しみじみ旨いから。

締め！ラーメン代わりの酒後パスタ　　　　1

ボリート・カペリーニ

in Brodo di Bollito

まずは基本のボリートを作ろう。
複数の肉を使ってとる、それはそれは贅沢なスープで、
実際、そのまま飲んでも、具を食べてもおいしい。
チャーシューっぽく切った豚ばら肉やゆで卵、
ほうれんそうを入れて、
さらにラーメンっぽく仕上げようよ。
料理には遊び心もたいせつな味つけだから。

ボリートの材料（6〜7人分）

豚ばらかたまり肉	300g
牛すね肉	300g
鶏もも肉	2本
牛すじ肉	200〜300g
水	2000cc
玉ねぎ	1個
セロリ	1本
にんじん	1本
つぶしたホールトマト	50cc

ボリートの作り方

❶鍋にすべての肉と野菜、水を入れ、強火にかけ、沸騰したら弱火にする。あくが出たら除く。
❷ホールトマトも加え、肉がやわらかくなるまで煮込む。

材料（2人分）

ボリートの豚ばら薄切り肉	7〜8枚
ボリートの牛すじ肉	50g
ボリートのにんじん	1/8本
ボリートの玉ねぎ	1/8本
ボリートのセロリ	5cm
ほうれんそう	1/4わ
ボリート	1カップ
塩	ひとつまみ
ゆで卵	2個
カペリーニ	80g

作り方

❶にんじん、玉ねぎ、セロリは同じ太さの細切りにする。豚肉、牛すじ肉は食べやすい大きさに切る。ほうれんそうは下ゆでし、ひと口大に切る。
❷鍋にボリート、にんじん、玉ねぎ、セロリ、豚肉、牛すじ肉を入れて温める。ほうれんそうは最後に加えて、さっと温める。塩で味をととのえる。
❸ゆでたカペリーニを器に盛り、②の具、半分に切ったゆで卵をのせ、スープを張る。

落合の提言

カペリーニのゆで加減は好みでよい。

締め！ラーメン代わりの酒後パスタ　　2

あさり入りボリート・カペリーニ

in Brodo di Bollito e Vongole

ボリートに、あさりの旨みエキスを加えた
さらに深い味わいのスープ。
まずはしっかりとあさりからエキスを引き出し、
そこにボリートを加える。
麺の入ったみそ汁みたいなイメージ？
ますます、お酒のあとによさそうだ。

材料（2人前）

あさり	250g
水	大さじ2
ボリート（P78参照）	120cc
万能ねぎ	5本
カペリーニ	80g

作り方

❶あさりと水大さじ1をフライパンに入れてふたをし、中火にかける。
❷あさりが口をあけたら水大さじ1を足し、煮詰めていく。あさりエキスが大さじ3くらいになるよう濃度を調節する（必要ならさらに水を足す）。
❸②にボリートを加える。
❹ゆでたカペリーニを加えてあえる。
❺器に盛り、5cm長さに切った万能ねぎをのせる。

締め！ラーメン代わりの酒後パスタ　　　3

豚ばら高菜パスタ

Pancetta di Maiale e TAKANA

パンチのあるスープだけに、
さらにパンチの効いた味を重ねるのも楽しい。
炒めた豚ばら肉に高菜漬け。
ご飯にも合いそうな組み合わせを
スープパスタにしちゃうのだ。
ごま油をふって、さらに香りにもパンチ！
酒のあとは、こういう味も最高。

材料（2人前）

豚ばら薄切り肉	100g
小麦粉	少々
高菜漬け	50g
竹の子の水煮	40g
オリーブオイル	大さじ1
塩	少々
ごま油	少々
ボリート	1/2カップ
白ごま	適量
カペリーニ	80g

作り方

❶豚肉は5mm幅に切って小麦粉をまぶす。高菜漬けはみじん切り、竹の子の水煮は薄切りにする。
❷フライパンにオリーブオイルと豚肉を入れ、焦がさないように炒める。
❸竹の子を加え、塩をふる。高菜も加え、強火で炒める。ごま油を加える。
❹鍋にゆでたカペリーニとボリートを入れ、さっと温める。
❺❹を器に盛り、❸をかけ、白ごまをふる。

締め！ラーメン代わりの酒後パスタ　　4

ジャージャーパスタ

Ragu Piccante alla Cinese

スープパスタを四川風にしてしまった自信作。
やるからには徹底的に、花山椒で辛さを出す。
つぶしたものと粒ごとと、
2段階で使って、辛い辛い！
スカッとした辛さで、あとを引くはず。
もはや、ここまでくると、
はしで食べたくなってくるよね。

材料（2人前）

合いびき肉	100g
長ねぎ	10cm
サラダ油	大さじ1
塩	ひとつまみ
こしょう	少々
花山椒（細かく切ってつぶしたもの）	小さじ1/2
花山椒（粒）	小さじ1/2
つぶしたホールトマト	大さじ2〜3
オリーブオイル	大さじ1
ごま油	小さじ1
ボリート	1カップ
万能ねぎ	適量
カペリーニ	80g

作り方

❶ねぎはみじん切りにする。
❷フライパンにサラダ油とねぎを入れて強火にかける。プチプチと泡が出はじめたら弱火にする。
❸合いびき肉、塩を加え、広げながら焼く。
❹こしょう、細かく切ってつぶした花山椒、ホールトマトを加え、肉に味をふくませながら炒める。味をみて、薄ければ塩（分量外）で味をととのえる。
❺粒の花山椒、オリーブオイル、ごま油を加えてあえる。
❻鍋にゆで上げたカペリーニとボリートを入れ、さっと温める。
❼❻を器に盛り、❺をかけ、刻んだ万能ねぎもかける。

Chapter 11

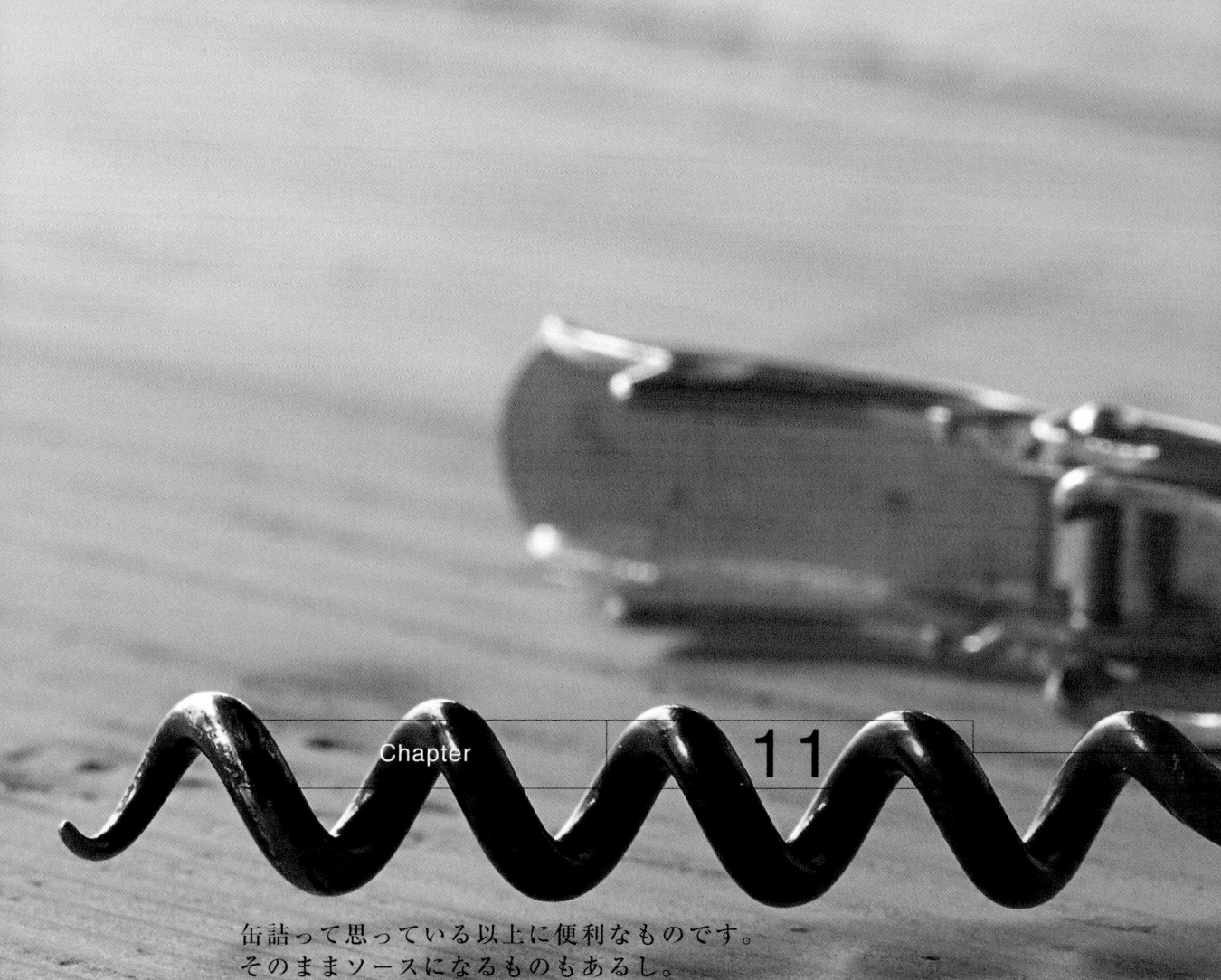

缶詰って思っている以上に便利なものです。
そのままソースになるものもあるし。
そこにひと手間加えたら、さらに旨くなる。
そんな工夫をするのが、僕は大好きなのです。
今回は、僕が二大缶詰と謳う「ホワイトソース缶」と
「ツナ缶」を使ってみました。

楽ちん！ 缶詰が主役のずぼらパスタ

楽ちん！缶詰が主役のずぼらパスタ　1

焼かないグラタン
con la Besciamella

ゆでっぱなしのペンネに、
具だくさんに仕上げたホワイトソースをかける。
グラタン？ パスタ？ な、和む味。
ホワイトソースは牛乳か鶏肉のゆで汁でのばし、
バターも加えてこく倍増。
もちろん、オーブントースターで焼けば、
こんがりグラタンにもなる。

材料（2人分）

鶏肉	100g
にんにく	1/2片
竹の子の水煮	50g
ヤングコーン	4本
ほうれんそう	1/3わ
玉ねぎ	1/8個
えび（車えびなど）	8尾
バター	小さじ1/2
オリーブオイル	大さじ1
ホワイトソース	1缶（約220cc）
塩、こしょう	各少々
牛乳（または鶏肉のゆで汁）	大さじ3～4
パルメザンチーズ	大さじ1
バター（仕上げ用）	小さじ1
パルメザンチーズ（仕上げ用）	大さじ1/2
ペンネ	160g

作り方

❶にんにくは包丁の腹などでつぶし、皮を除く。鶏肉はひと口大に切り、下ゆでしておく。竹の子、ヤングコーン、ほうれんそうはひと口大に切る。玉ねぎは薄切りにする。
❷フライパンにバターを溶かし、にんにくを炒める。ほうれんそうとえびをさっと炒める。
❸別のフライパンにオイル、玉ねぎを入れて弱火にかけ、全体がしっとりするまで炒める。
❹ホワイトソースを加え、よく混ぜながら温める。塩、こしょうで味をととのえる。
❺牛乳を少しずつ加え、のばす。
❻竹の子、ヤングコーン、パルメザンチーズ、鶏肉、えびを順に加えて混ぜ合わせる。
❼仕上げのバターも加え、混ぜ合わせる。
❽ゆで上げたペンネ、ほうれんそうを加えてあえ、皿に盛り、パルメザンチーズをかける。

落合の提言

焼きたい場合は耐熱容器に入れ、パルメザンチーズをふってオーブントースターで焼き目がつくまで焼く（約5分）。

楽ちん！缶詰が主役のずぼらパスタ　2

豚ばら＆白菜のパスタ

con la Besciamella e Pancetta di Maiale e Cavolo Cinese

市販のホワイトソースを使うなら
こくを足してみよう。
それには、豚肉の旨みをチョイス。
パスタと一緒にゆでた白菜も甘く、
食感もプラスしてくれる。

材料（2人分）

白菜	大1½枚
豚ばら薄切り肉	100g
塩	少々
オリーブオイル（炒め用）	大さじ2
ホワイトソース	1缶（約220cc）
牛乳	300cc
白こしょう	少々
バター	小さじ1
イタリアンパセリ	適量
スパゲティ	160g

作り方

❶ 白菜は1cm幅に切る。豚肉は2cm幅に切って、塩で下味をつける。
❷ フライパンにオリーブオイルを入れて火にかけ、豚肉を炒める。
❸ ②にホワイトソースを加え、だまを崩しながら煮る。
❹ 牛乳を少しずつ加え、のばしていく。こしょうを加える。
❺ スパゲティをゆでる際、ゆで上がり2分前に白菜の茎を、30秒前に葉を加えて一緒にゆでる。
❻ ゆで上げたスパゲティと白菜を④に加えてあえ、最後にバターを加えて溶かす。
❼ 皿に盛り、手でちぎったイタリアンパセリをちらす。

落合の提言

● 豚肉は焼き目をつけないので、炒めるときにいじってもよい。焦げそうになったらフライパンを火から下ろすこと。
● ソースが固いようなら、バターを加える前に牛乳でのばす。

楽ちん！缶詰が主役のずぼらパスタ　　3

かきのとろとろパスタ

con la Besciamella e Ostriche

かきのクリームパスタって旨い。
僕がこく出しに選んだのはベーコンの脂。
かきからもだしが出るので、
ますますおいしくなる、缶詰ホワイトソース。

材料（2人分）

かき	10個
バター	小さじ1
水	大さじ6
ベーコン	2枚
サラダ油	小さじ1
チンゲン菜	1/4株
ホワイトソース	150cc
牛乳	100cc
こしょう	少々
パルメザンチーズ	大さじ1
バター（仕上げ用）	大さじ1

作り方

❶ ベーコンは1cm幅に切る。チンゲン菜は1/4に切る。
❷ 鍋にかき、バター、水大さじ4を入れて強火にかけ、沸騰したら火を弱めてふたをする。かきに火が通ったらバットなどに取り出しておく。
❸ フライパンにサラダ油とベーコンを入れて強火にかけ、プチプチと音がしはじめたら弱火にしてベーコンの脂を引き出す。
❹ ❸に水大さじ2を加え、混ぜ合わせる。
❺ ❷のスープ大さじ2を加え、混ぜ合わせる。
❻ ホワイトソースを加え、だまを崩しながら煮る。
❼ 牛乳を少しずつ加え、のばしながらこしょうで味をととのえる。❷で取り出したかきも加える。
❽ スパゲティをゆでる際、ゆで上がり1分前にチンゲン菜を加えて一緒にゆでる。
❾ ゆで上げたスパゲティ、チンゲン菜、パルメザンチーズ、仕上げのバターを加えてあえる。

ツナトマトソース 木こり風

alla Boscaiola

ツナは火が通っているので加熱が楽だし、
ほぐすのもかんたん。
それはそれは便利な缶詰なのだ。
トマトとの相性に目をつけ、
久しぶりに「木こり風」、つまり
きのこたっぷりのトマトパスタを作ってみた。
きのこは好みのものをたっぷり、でもOK。

材料（2人分）

エリンギ	1本
しいたけ	小2個
ジャンボなめたけ	3本
生マッシュルーム	2個
まいたけ	少々
しめじ	1/3株
玉ねぎ	1/4個
オリーブオイル（炒め用）	大さじ2
にんにく	1片
赤唐辛子（好みで）	1本
塩	適量
水	大さじ1
ホールトマト	1缶（約400g）
黒こしょう	少々
ツナ	小1缶（約80g）
ツナ缶のオイル	小さじ2
パルメザンチーズ	少々
オリーブオイル（仕上げ用）	少々
イタリアンパセリ（粗みじん）	適量
スパゲティ	160g

作り方

❶ きのこ類はそれぞれ食べやすい大きさに切る。玉ねぎは薄く切る。

❷ フライパンに炒め用のオリーブオイル、にんにく、玉ねぎ、きのこ類を入れ、火にかける。好みで赤唐辛子を加え、塩で味をととのえる。

❸ 手でつぶしたホールトマトと水を加えて混ぜ合わせる。味をみて、足りないようなら塩（分量外）で味をととのえる。ソースがかたいようなら水（分量外）を加える。黒こしょうも加える。

❹ ツナとツナ缶のオイルを加え、ツナを少し崩しながら煮る。

❺ ゆで上げたスパゲティ、パルメザンチーズ、仕上げ用のオリーブオイルを加えてあえる。皿に盛り、イタリアンパセリをちらす。

楽ちん！ 缶詰が主役のずぼらパスタ　　5

ツナのアリオリ

Aglio Olio Peperoncine e Tonno

ツナ缶の大きな魅力、それは、
まぐろをつけ込んだ
オイルが入っていることだろう。
このオイルを使ったアーリオオーリオ。
これ以上ツナに合うオイルはない！

材料（2人分）

にんにく	1片
セロリ	5cm
じゃが芋	1/2個
いんげん	3本
玉ねぎ（みじん切り）	大さじ2
オリーブオイル	大さじ2～3
ツナ缶のオイル	大さじ2
スパゲティのゆで汁	大さじ3
ツナ	小1缶（約80g）
塩	適量
スパゲティ	160g

作り方

❶にんにくは包丁の腹などでつぶし、皮を除き、粗みじんにする。セロリは薄切りにする。じゃが芋は皮をむいてひと口大に、いんげんもひと口大に切る。

❷フライパンにオリーブオイル、にんにくを入れて強火にかける。セロリ、玉ねぎも加え、プチプチと泡が出はじめたら弱火にして炒める。

❸ツナのオイルを加えてよく混ぜる。

❹ゆで汁を2～3回に分けて加える。

❺じゃが芋はスパゲティと一緒にゆではじめ、ゆで上がる20秒前にいんげんを加えて一緒にゆでる。

❻❹にツナを加え、ほぐしながら温める。

❼ゆで上がったスパゲティ、じゃが芋、いんげんを加えてあえ、塩で味をととのえる。

楽ちん！缶詰が主役のずぼらパスタ　　6

ツナの冷製ミモザ

Tonno e Uovo Soda Fredda

ツナとトマトを使った冷製パスタ。
バジルのペースト「ペストジェノベーゼ」は
青い香りがご馳走。
刻んだゆで卵をふって、
そう、サラスパ風に仕上げてみたのだ。

材料（2人分）

フルーツトマト	小5〜6個
塩、こしょう	各適量
ペストジェノベーゼ（市販品）	大さじ2
ツナ缶のオイル	大さじ1
ツナ	小1缶（80g）
ゆで卵	2個
カペリーニ	80g

作り方

❶トマトは湯むきし、へたを取って8等分のくし形に切る。ツナはほぐし、ゆで卵は刻む。
❷ボウルにトマトを入れ、塩、こしょうをふってさっとあえ、ペストジェノベーゼ、ツナ缶のオイルを入れてよく混ぜる。
❸ゆで上げたカペリーニは水にとってさまし、よく水けをきる。
❹❸を皿に盛り、❷と❶のツナ、ゆで卵をのせる。

Chapter 13

おいしいパスタを作ったら、
デザートも欲しくなりませんか？
でも、本格的なデザートは大変。
だから、生クリームをベースに作る便利な
ふわふわのクリームを紹介しましょう。
そして、僕が愛用している
素材やキッチンツールも公開します。

おまけ！ デザート＆秘密のキッチンライフ

おまけ！ デザート＆秘密のキッチンライフ

ロマノフ

Romanof

「ロマノフ」とは、
マスカルポーネチーズ入りの
ホイップクリームに、
メレンゲを加えたもの。
軽いのにこくがあり、
チーズの風味も加わったリッチなクリームなのだ。
僕はボウルを抱えて、
そのままスプーンで食べたくなるほど好き。

生クリームは少し立ち上がるくらいに立て、
マスカルポーネと卵黄を混ぜたものに合わせていく。

卵白はしっかりつのが立つまで泡立てる。
軽さを出すために加えるので、たっぷり空気を含ませて。

クリームとメレンゲを合体させるときは、
気泡がつぶれないように、やさしく切るように合わせること。

材料（2人分）	
卵	2個
マスカルポーネチーズ	100g
生クリーム（脂肪分40％）	
	300cc
グラニュー糖	40g

作り方

❶卵は卵黄と卵白に分けておく。
❷マスカルポーネチーズをボウルに入れ、卵黄を加えてよく混ぜる。
❸別のボウルに生クリームとグラニュー糖を入れ、六分立てにする。
❹②のボウルに③を2回に分けて加え、八分立てにする。
❺卵白をつのが立つくらいまで立て、メレンゲを作る。
❻④のクリームに⑤を加え、泡がつぶれないようにやさしく混ぜ合わせる。

おまけ！デザート＆秘密のキッチンライフ　2

＋ココア
+Cacao

ロマノフを器に盛り、好みの量のココアをふる。

おまけ！ デザート＆秘密のキッチンライフ

ロマノフは、ほんとにいろんな甘いものと
相性がいい万能クリームだ。
ここで紹介しているのはほんの一例。
好みのフルーツやアイスクリームなどなど
好きな組み合わせを好きな割合で
楽しんでほしい。
イタリアらしい、陽気でカジュアルな
クリームでしょ？

3
＋いちご
+Fragola

いちご10個はへたを取って皿に
盛り、ロマノフをかけ、いちご
ジャムを添える。

4
＋フルーツ
+Frutta

キウイ、グレープフルーツ、パ
パイヤ、ブルーベリーは皮をむ
いて食べやすい大きさに切り、
器に盛ってロマノフをかける。
あればフランボワーズジャムを
添える。

5
＋バナナ
+Banana

バナナは好みの粗さにつぶす。
器に入れ、ロマノフを重ね、輪
切りにしたバナナをのせる。コ
コアをふる。

おまけ！ デザート＆秘密のキッチンライフ　　6

＋マロングラッセ
+Marrone Condito

8等分したマロングラッセをロマノフに混ぜる。あればローリエの葉を添える。

おまけ！ デザート＆秘密のキッチンライフ

裏ワザ満載！ 僕のお気に入りを公開します

ときどき、我ながら「俺ってシェフというよりシュフ!?」
と思うことがある。
その場にあるものでちゃちゃっと料理したり、
工夫したりするのが好きなのだ。
そんな僕の〝主婦的側面〟を公開しよう。
ひとり暮らしでも、活用できる便利なワザでしょ？

1 コンビーフ

肉は生モノだからなにかと手がかかる。さっとなにかを作りたいときには、すぐ使えるコンビーフ缶は非常に便利だ。パスタだけじゃなく、チャーハンとか、オムレツにもいいよね。

2 水塩

飽和状態の塩水。仕上げの段階で「味が足りない！」とあわてても、もう塩はとけない。けど、水塩ならとけるのだ！ サラダをあえるときも全体にいきわたるし、すごく重宝する。

3 ホワイトソース

今回はパスタを紹介したけれど、牛乳でのばして作るスープもおすすめだ。トマトソースを加えればトマトスープになる。結構しっかりと下味がついているので、調味には気をつけて。

4

マヨネーズ

〝油＋酢＋卵が乳化したもの〟と考えてみると、使い道が広がる。僕はオリーブオイルと卵黄を加えて、ハイパーマヨネーズを作っておく。すごく旨くなって、マヨ好きにおすすめの裏ワザだ。

5

ツナ

イタリアではまぐろといえばツナ。市場では量り売りしている。ツナときのこを使った料理を「木こり風」というくらいポピュラー。だから主役感覚で使っていいんだよ。

おまけ！ デザート＆秘密のキッチンライフ

僕はこう使う！ 優秀ツールあれこれ

僕の厨房にある道具は、案外〝台所的〟。
あまりお金をかけないし、再利用もする。
また、僕はしょっちゅう使う道具に名前をつけるのが好きだ。
ニックネームで呼ぶほうが愛着が生まれて
戦場みたいなキッチンではわかりやすいんだよね。
そんな、僕がかわいがってる優秀ツールを紹介しよう。

1

キッチンペーパー

店では2種類常備している。「ふわふわ君」と「安紙君（やすがみ）」。イメージわくでしょ？ ふわふわ君はスープをこしたり、肉をくるんだり。安紙君は油を吸わせたり、台をふいたりするんだ。

2

マスカルポーネチーズの容器

名付けて「マスカップ」。実はレストランの厨房ではよく使われているものだ。ふたに切り目を入れて、あさりだしやえびだしを入れ、少しずつ注げるようにしてあるマスカップもある。

3

100円トング

僕は箸を使うのが少し苦手なので、トングが大好き。100円ショップのトングを使ってみたら結構しっかりしていたので、大量に購入した。使いつぶす勢いで、僕の大事な右腕にしている。

4
サンペレグリノのびん

水を入れておき、ソースの調整などに使っている。親指をびんの口にあてれば、ドバッと出すぎちゃうこともない。持ちやすい500ccびんがおすすめ。ルックスもなんとなくかわいいしね。

5
密閉容器のふた

最初はふたがなくなったときの応急処置だったんだけど、ラップをかけて輪ゴムで止めるほうがきっちり閉まるし、中がよく見えるんだ。ゴムは切れにくい太めのものを使ったほうがいい。

おまけ！ デザート＆秘密のキッチンライフ

いつも手元にある大事な道具たち

スパゲティ
◀◀◀

パスタと聞いてイメージするのは、やはりスパゲティ。イタリア人も同様で、1日に食べるパスタの8割はスパゲティなんじゃないかな。ツルンとしてアルデンテ、これが最高。

寸胴鍋
◀◀◀

煮込み、ゆで物、パスタ……まさになくてはならない。店で働きはじめたコは、まずこれでまかないのご飯を炊かされる（僕だって炊いた！）。料理修業の第一歩を飾る、大事な鍋だ。

ホールトマト
▶▶▶

イタリア家庭では、僕たちのしょうゆやみそみたいに常備している。日本のトマトは煮込むソースにむかないから、特に大事なアイテムだ。生トマトはフレッシュソースだけ。

チーズおろし
▶▶▶

これは、ぜひ使ってほしい！ 4面に粗さの違うカッターがついていて、大根おろしやせん切りだってできる。香辛料をおろしたり、かたくなったパンをパン粉にしたり。

にんにく
◀◀◀

日本でいう、長ねぎのポジションかな。香りの素であり、薬味になる。加えると深みが一段深くなるんだ。ただ、イタリアでは日本のイタリアンほど使わない。逆転現象だね。

唐辛子
◀◀◀

生の唐辛子は、そのまま食べて味わい、ドライは油に辛みをつける。生唐辛子のすがすがしい辛みと香りは、特性を生かした「野菜」として味わうのがベストなのだ。

各章の扉写真に使ったのは、
僕が大事にしているキッチンアイテム。
素材にも道具にも、うるさいことは言わないほうだと思う。
でも、これらがなかったら僕は料理ができない。
スタッフと同じくらい、ほんとに大事なんだ。

フライパン
▶▶▶

厨房では輝くアルミパンを使っていそうでしょ？ 僕はアルミにフッ素樹脂加工したものを使う。アルミだけだと焼き物にむかないし、鉄だと熱があたりすぎるから。

生トマト
▶▶▶

イタリア語でPomodoro（ポモドーロ）。「金のりんご」という意味だ。野菜の中でもフルーツに近いってことだよね。僕は甘いだけじゃなくて、酸味も強い、たくましい味のトマトが好きだ。

パイ皿
▶▶▶

店では、料理の材料をのせて並べておいたり、そのままオーブンに入れたり、揚げ物をのせたりとこき使ってる。50枚はあるかな。家庭でも2〜3枚あったら便利だと思うよ。

塩・こしょう・オリーブオイル
▶▶▶

三種の神器でしょう。特に塩は、これがなかったら料理自体が成り立たなくなるくらい重要だ。イタリアから帰国したとき、最初にしたのが塩探しだったのを覚えている。

泡立て器
▲▲

僕の泡立てテクはすごいよ。28秒で卵白をメレンゲに変える男なのだ！ いまだにベットラナンバーワン。コツは息を止めて、とにかく速く。で、疲れる前に終えること（笑）。

パルメザンチーズ
▶▶▶

パルメザンチーズはぜひかたまりで買ってほしい。きっちりラップをすれば、冷蔵庫でずいぶんもつ。パスタの仕上げにかけるのはもちろん、かじったり、スライスも自由自在！

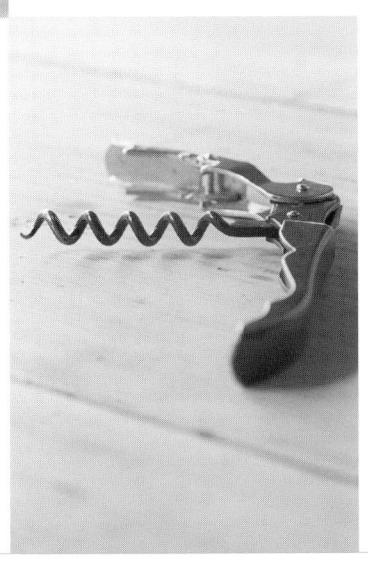

コルク抜き
▶▶▶

これは、うちのワイン好きの女性スタッフのものが特別出演。コレクションしてるみたい。僕らでいうナイフと同じなわけだから、道具への愛情が深いのはすごく偉い。

おわりに

「イタリアそのままの味を再現」「イタリア料理の伝道師」……。そんなふうに呼ばれることがあります。確かに、僕がお店で作っている料理はイタリアの伝統的なものが多く、日本にその魅力を広めたいと思って努力してきたのは事実です。しかし、たくさんのシェフの活躍もあり、日本のイタリアンの水準は、もはやイタリア人も驚くほど高くなりました。

家庭での調理環境も変わりました。いろんな種類のオリーブオイルや塩がいつでも買えるようになりました。また、最近、普及しているIHクッキングヒーターは、お湯が沸くのも早く、均一に熱がまわるからパスタをあえるのにぴったり。パスタは、家庭でささっと作る料理になったのです。「おなかがすいたから、パスタでも食べる？」「今日は休みだから、トマトソースをたっぷり作っておこうか」そんなシチュエーションが日常になりました。

たとえば、お茶漬けだって、冷蔵庫にある漬物でささっと作るお茶漬けもあるし、いつでもおいしいお茶漬けを食べられるように、休日にがんばって佃煮を作る人もいるでしょう？　それと同じこと。

この本で、僕がみなさんに紹介したかったのは、そんなレシピでした。パパッと作れる、またはじっくりと作る。生活に密着した、キッチンですぐに応用できるもの。

あなたのパスタライフがもっともっと充実しますように！　Ciao !

Ochiai Tsutomu

落合 務

Ochiai Tsutomu

最近はIHクッキングヒーターに興味津々の落合シェフ。「たとえばアーリオオーリオを作るとき、ふきんを直接IHの上に置いて、フライパンを傾ければ、にんにくオイルが作りやすいでしょ？」。また、フライパンの底に均一に熱が当たるため、ソースとパスタをあえるときもまんべんなく火が入るというわけ。「IHはパスタ向き！」。

「ラ・ベットラ・ダ・オチアイ」など3店舗のオーナーシェフを務める。毎朝、築地に通い厨房に立つことを信条とし、その合間を縫って、テレビ出演や料理教室へと飛び回る日本一忙しいシェフ。生まれも育ちも東京・足立区の江戸っ子で、チャキチャキと仕事をこなし、趣味の車に乗る時間も作り出すが、いちばん乗っているのは各店の間を行き来するママチャリだとか。

ラ・ベットラ・ダ・オチアイ
La Bettla da Ochiai

東京都中央区銀座1-21-2
安藤ビル1F
☎03-3567-5656
営業時間
11:30〜14:00LO
(10:00から店の前に置かれる予約ボードに記名。電話予約不可)
18:30〜22:00LO
(奇数月の第3日曜午後12:00より2ヵ月以内の予約を受け付け)
土・祝は18:00〜21:30
定休日／日曜

パスタの基本

" La Bettola " by Ochiai Tsutomu

著者／落合 務
発行者／渡瀬昌彦
発行所／株式会社　講談社
112-8001　東京都文京区音羽2-12-21
販売／03(5395)3606
業務／03(5395)3615
編集／株式会社講談社エディトリアル
代表／堺公江
〒112-0013
東京都文京区音羽1-17-18 護国寺SIAビル
編集部／03-5319-2171
印刷所／凸版印刷株式会社
製本所／株式会社若林製本工場

アートディレクション／岡本一宣
デザイン／小埜田尚子、
野本奈保子、木村美穂
スタイリング／西村千寿
撮影／青砥茂樹（講談社写真部）
レシピ原稿／下田敦子
編集協力／北條芽以
２００５年　６月２０日　第１刷発行
２０２０年　９月　７日　第１５刷発行

©Tsutomu Ochiai 2005 Printed in Japan
定価はカバーに表示してあります。
N.D.C.596 103p 26cm
落丁本・乱丁本はご購入書店名を明記のうえ、
講談社業務宛にお送りください。
送料小社負担にてお取り替えいたします。
なお、この本についてのお問い合わせは、
講談社エディトリアル宛にお願いいたします。
本書のコピー、スキャン、デジタル化等の無断
複製は著作権法上での例外を除き禁じられてい
ます。本書を代行業者等の第三者に依頼してス
キャンやデジタル化することはたとえ個人や家
庭内の利用でも著作権法違反です。
ISBN4-06-271590-2